# MESSIEURS

# FABVIER et SAINNEVILLE

## CONVAINCUS

## D'ÊTRE CE QU'ILS SONT.

### Par P. BOURLIER,

#### MAIRE RÉVOQUÉ DE ST-ANDÉOL.

---

*Qui fodit foveam, incidet in eam ; et qui volvit lapidem, revertetur ad eum.*
**Prov. Cap. XXVI. 27.**

Celui qui creuse la fosse, tombera dedans ; et la pierre retournera contre celui qui l'aura roulée.

---

## A LYON,

Chez GUYOT Frères, Libraires, grande rue Mercière, N.º 39 ;

AUX TROIS VERTUS THÉOLOGALES.

~~~~~~~~

1818.
~~~~~~~~

# MESSIEURS

# FABVIER ET SAINNEVILLE

## CONVAINCUS

## D'ÊTRE CE QU'ILS SONT.

LORSQU'APRÈS une longue révolution, l'ordre commence à peine à succéder à d'épouvantables désordres ; quand les opinions politiques divisent encore les citoyens, et brouillent entr'eux jusqu'aux membres d'une même famille ; l'homme que la confiance du Prince appelle à des fonctions publiques, ne sauroit se promettre d'être assez heureux pour réunir tous les esprits, et gagner tous les cœurs. Ses efforts pourront bien ramener quelques individus trompés, mais ils échoueront presque infailliblement à l'égard de ceux dont les vœux coupables ne cessent d'appeler un bouleversement dans l'Etat.

Que des Magistrats viennent seulement à heurter les passions de quelques-uns de ces hommes, aussitôt l'esprit de parti se montrera, et les haines éclateront avec violence. Ce sera bien pis encore, si des conspirateurs démasqués, n'ayant plus de ressources que

I

dans la perfidie et l'imposture pour se justifier, ou du moins pour atténuer leur crime,
entrevoient la possibilité de rejeter leur
rebellion sur ceux qui l'ont comprimée, et
de la présenter comme l'effet naturel de la
résistance à une oppression illégale ; les
plaintes alors se feront entendre, elles de-
viendront plus nombreuses et plus hardies,
selon qu'elles trouveront plus ou moins d'appui, et finiront peut-être par égarer un
moment l'opinion. Si dans des circonstances
si graves, les premiers dépositaires du pouvoir, instruits de la vérité, ne la font pas
connoître, la calomnie s'emparera de leur
silence, et son poison devenu plus dangereux, ira flétrir partout le dévouement et la
vertu.

Compromis dans leur honneur, dans leur
sûreté peut-être, et privés du soutien de
l'autorité qu'ils ont servie, que feront les
Magistrats ? Un Tribunal devra-t-il porter
son accusation devant un autre Tribunal,
souvent au dessous de lui par la nature de
ses attributions ? La justice fera-t-elle juger
ses jugemens, quand la loi, en lui conférant
le droit de prononcer en *dernier ressort*, l'a,
en quelque sorte, déclarée *infaillible !* Un
Maire, devenu simple particulier par une
révocation, devra-t-il faire juger en police
correctionnelle une imputation qui l'atteint

comme Magistrat ? et le Gouvernement pour lequel il s'est dévoué, au lieu de l'accuser lui-même, s'il est coupable, ou de le protéger, s'il est innocent, le réduira-t-il à ne pouvoir venger sa réputation, qu'en compromettant son repos et sa fortune, dans un procès ruineux, contre un calomniateur puissant ?

Telles sont les questions auxquelles a donné lieu l'apparition de deux écrits où sont entassées, avec autant d'habileté que d'audace, des impostures plus atroces que toutes celles qu'ont enfantées trente années de révolutions et de forfaits.

Il ne m'appartient pas de résoudre des questions d'une importance si haute, mais ma propre position me donne au moins le droit de dire que des Préfets, des Généraux, des Juges, des Maires, dans une situation si étrange, sont bien à plaindre.

Le huit juin avoit vu échouer une conspiration qui ne tendoit à rien moins qu'à ramener parmi nous le despotisme et l'anarchie.

Les sages mesures de M. le Préfet, l'habileté et la modération du Lieutenant-Général, commandant la division, l'infatigable activité d'un Magistrat, sur la tombe duquel Lyon verse encore aujourd'hui des larmes de regret et d'amour, le dévouement des Maires des campagnes, avoient sauvé le département du Rhône ; et le Gouvernement, après avoir recueilli les preuves de ce concert unanime d'efforts et de zèle, attentif à récompenser les plus petits comme les plus grands services, avoit daigné étendre les témoignages de sa satisfaction jusqu'à moi (1).

Tout étoit rentré dans l'ordre, et l'administration pouvoit, sans danger, se montrer indulgente et paternelle envers les nombreux coupables, que la vengeance des lois avoit salutairement effrayés. Une tranquillité parfaite régnoit partout, lorsque, par des causes auxquelles le seul Magistrat absent pendant nos troubles, ne fut peut-être pas étranger, M. le Maréchal de Marmont, duc de Raguse,

---

(1). Je n'ai raconté dans mes rapports qu'une partie des dangers que j'ai courus, parce que si j'eusse tout dit, tel homme qui vit encore aujourd'hui, eût infailliblement péri. Cependant ma conduite m'a successivement attiré les éloges de M. le Préfet, de la Cour prévôtale, du Ministre, et de Sa Majesté même, par l'organe du Ministre. Le 19 septembre, je lisois ces paroles dans une lettre que m'adressoit M. de Chabrol de la part de M. Lainé :

« Votre belle conduite et votre rare dévouement ont
» été portés à la connoissance du Roi, Sa Majesté
» en a témoigné sa satisfaction. »

Quinze jours après j'étois jugé pour un *persécuteur* par M. le Maréchal et son chef d'état-major.

fut envoyé à Lyon, en qualité de Lieutenant du Roi, pour *rétablir*, dit le colonel Fabvier, *la paix dans ces contrées.*

On ignora d'abord le véritable motif de cette mission extraordinaire : ce qu'il y eût de remarquable, c'est que, dès le principe, les mêmes hommes qui, au huit juin, annonçoient une révolution et le renversement des autorités royales, firent éclater leur joie, et se vantèrent d'un prochain triomphe.

Les premiers actes de M. le Maréchal prouvèrent que son Excellence, entourée de gens intéressés à lui déguiser la vérité, seroit horriblement trompée (1). Toute la bienveillance fut pour les coupables que jugeoit la Cour prévôtale, toutes les rigueurs, pour ceux auxquels le département du Rhône devoit de n'être pas en feu.

Je n'ai point à raconter les opérations de son Excellence ; je ne dirai que ce qui est nécessaire pour faire connoître la vérité en ce qui me concerne, et venger mon honneur des outrages de M. le colonel Fabvier.

M. le Lieutenant du Roi, par un arrêté du

---

(1) Peut-être, a dit M. Magneval, dans sa réponse à M. Camille-Jordan, « peut-être suffiroit-il de connoître ceux qui ont fait prévaloir leur récit et leur » sentiment dans le conseil de M. le Maréchal, pour » voir finir cette espèce de procès. » M. Magneval a dit vrai.

8 octobre (1), ordonna que les Maires ci-après dénommés cesseroient sur-le-champ leurs fonctions.

Savoir :

Henry-des-Tournelles, Maire de la commune de St-Didier au Mont-d'Or.

Hue-de-la-Blanche, Maire de la commune d'Irigny.

Figurey, Maire de la commune de Brignais.

Perrel, Maire de la commune de Soucieux.

Bourlier, Maire de la commune de St-Andéol.

Durand, Maire de la commune de Neuville.

Puy, Maire de la commune de St-Genis-Laval.

Le préambule de cet arrêté n'énonçoit aucun motif ; il exprimoit simplement que M. le Maréchal agissoit *en vertu des pouvoirs qui lui avoient été confiés par le Roi.* C'étoit évidemment une *peine* prononcée contre nous, une sorte de flétrissure, et M. le colonel Fabvier le fait entendre positivement. Il nous désigne sous le nom de *persécuteurs,*

_____________________________________

(1) Je crois pouvoir me dispenser de rapporter dans les notes justificatives , le texte de cet arrêté et de quelques autres pièces qui déjà ont été plus d'une fois imprimées,

et déclare que notre révocation avoit pour but de *donner satisfaction aux persécutés* (1).

Les Maires ainsi révoqués ne pouvoient garder le silence sans paroître avouer l'équité d'un acte qui tendoit à les déshonorer devant la France entière. Le soin de leur réputation, plus encore que la situation pénible dans laquelle l'arrêté du 8 octobre les plaçoit, à l'égard des rebelles de leurs communes, leur faisoit un devoir d'élever la voix.

Innocens ou coupables n'avoient-ils pas autant de droits à la protection ou au moins à l'impartialité de M. le Maréchal, que les nombreux prévenus dont les crimes étoient bien autrement constatés ? Quelle différence cependant dans la manière dont les uns et les autres se voyoient traités ! qu'il me soit permis de citer un exemple.

Le sieur Taisson, traduit devant la Cour prévôtale comme chef d'un comité insurrecteur, après avoir fait à M. le Maire de Lyon les aveux les plus importans, avoit imaginé de feindre à la fois la cécité et la démence. Afin d'assurer plus de succès à ce stratagême, la femme de ce malheureux eut recours à M. le Lieutenant du Roi. Elle accusa devant lui les magistrats d'avoir torturé son mari,

_______________

(1) Lyon en 1817, première partie, pag. 28.

et bien que l'honneur de ceux-ci fût au-dessus de tout soupçon, sa requête fut accueillie : il fallut une visite des gens de l'art pour constater *qu'il n'existoit sur la personne du prévenu aucune trace de torture.* (1)

On eut moins d'égards pour nous que pour le sieur Taisson, moins d'égards que pour les conspirateurs les plus criminels. Ceux-ci confrontés à leurs accusateurs et convaincus par de nombreux témoins, ne furent condamnés qu'après de longs débats, en présence des officiers envoyés, ce semble, par son Excellence pour les protéger contre la rigueur du Tribunal. Nous, nous fûmes jugés *persécuteurs* sur des rapports secrets, sans qu'on nous fît connoître aucun des griefs qui nous étoient imputés, sans qu'il nous fût permis de fournir les preuves de notre innocence, en un mot, sans avoir été entendus.

Une partialité si choquante nous détermina adresser nos réclamations à M.[gneur] le Ministre de l'intérieur, qui jusqu'alors n'avoit parlé de nous à M. le Préfet que pour lui exprimer l'approbation donnée à notre conduite par sa Majesté.

---

(1) L'ordre transmis à ce sujet par M. le Procureur-général à M. le Prévôt, de la part de son Excellence, est du 8 septembre. Le sieur Taisson, par suite de la bienveillance qu'il inspira à M. le Maréchal, trouva le moyen de se soustraire à la justice, et recouvra le même jour la vue, la raison et la liberté.

( 9 )

Son Excellence jugea dabord à propos de
faire informer sur les griefs que l'on nous
imputoit, et demanda en conséquence un
*rapport* à M. le Conseiller faisant les fonc-
de Préfet du Rhône. (1) Mais bientôt, et
avant même que le rapport eût pu être
fait, nous fûmes définitivement *révoqués de
nos fonctions* par une décision dont le *considérant* portoit d'une manière expresse que le
*compte* demandé avoit été *rendu.* (2)

On sent de quelle importance il étoit pour
nous de relever une erreur si grave. Elle fut
constatée avec la dernière évidence par une
lettre de M. le Préfet en date du 26 octobre,
dans laquelle il déclaroit que « les renseigne-
» mens qu'il s'occupoit à recueillir ne lui
» étant pas parvenus encore, *il n'avoit pu
» faire aucun rapport à son Excellence ;* qu'il
» ne pouvoit attribuer l'énoncé de la décision
» ministérielle qu'à une erreur commise dans
» les bureaux, et qu'il avoit prié son Excel-
» lence de vouloir bien la faire rectifier. »

La rectification n'eut pas lieu, et les hommes dont les administrateurs révoqués avoient
comprimé la révolte, se regardèrent dès-lors
comme autorisés à se venger par des menaces

_______________

(1) Lettre de M. le conseiller de préfecture délé-
légué, en date du 26 octobre 1817.
(2) Ibid. et arrêté du 21 octobre 1817.

et des outrages. M. Lezay de Marnézia suc-
cesseur de M. de Chabrol, reconnut lui-même
que ces gens - là *avoient profité de cette circonstance pour faire éclater leur animosité*,
et afin de prévenir de plus grands maux, il
écrivit au commandant de la gendarmerie,
pour que celui-ci ordonnât « aux brigades res-
» pectives de faire dans nos communes de
» plus fréquentes visites, de se montrer
» toujours prêtes à maintenir envers tout
» le monde l'empire des lois, d'informer
» contre ceux qui les enfreindroient, de
« constater toute menace caractérisée, toute
« violence ou voie de fait, et de mettre l'au-
« torité judiciaire en état d'en faire saisir et
« punir les auteurs. (1)

Ces mesures assuroient toute notre reconnoissance au Magistrat qui les avoit prises, 
mais comme je l'ai déjà dit, il s'agissoit bien
moins encore pour nous de la sûreté que de
l'honneur, et aucune considération ne pouvoit nous prescrire d'en faire le sacrifice.

Dans une pétition adressée à la chambre
des Députés en date du 17 novembre, nous
exposâmes le détail des faits que je viens de

______

(1) Lettre de M. Lezay-Marnezia, Préfet du Rhône, à M. le commandant de la gendarmerie, 6 novembre 1817. Cette pièce et les précédentes se trouvent à la suite de notre pétition du 17 novembre, et
daas les mémoires relatifs à l'affaire de Lyon.

rappeler succinctement , et nous la priâmes de vouloir bien intervenir , pour que l'enquête ordonnée dabord fût continuée et que nous fussions mis en jugement.

La chambre, dans sa séance du 18 janvier , accueillit nos réclamations et renvoya notre supplique à M.<sup>gneur</sup> le Ministre de l'intérieur , conformément à la demande que nous en avions faite. Satisfaits alors des premiers succès d'une démarche qui , si elle ne prouvoit notre innocence , la faisoit du moins présumer et montroit que nous ne craignions pas des juges , nous espérâmes qu'enfin notre administration seroit examinée , et nous attendîmes avec résignation le moment que fixeroit son Excellence.

Ce moment n'étoit pas encore arrivé quand l'écrit révolutionnaire de M. le colonel Fabvier répandu à profusion dans nos campagnes , vint ranimer la discorde et provoquer spécialement contre les Maires destitués la haine et la fureur des méchans. Des paysans qui d'abord s'étoient trouvés trop heureux d'avoir pu échapper au glaive des lois et qui ne devoient ce bonheur qu'à l'humanité , à la pitié de leurs Magistrats , firent éclater une joie féroce. Voyant qu'ils avoient des apologistes jusqu'à la tribune , (1) ils ne parlèrent plus de

_________________________

(1) On ne saura jamais tout le mal que l'écrit de

ces mêmes Magistrats que comme de leurs bourreaux.

Le colonel Fabvier dans son libelle outrageoit toutes les autorités supérieures, excepté une seule, celle qui n'étoit pas à Lyon pendant les troubles. Voici en quels termes il calomnioit les administrations municipales du département du Rhône.

« Les autorités municipales prenoient des
» arrêtés contraires aux lois, et condam-
» noient à l'emprisonnement pour des faits
» qu'aucune loi ne considère comme délits. »

« Un aussi funeste exemple ne pouvoit
» manquer d'être suivi par les Maires des
» communes rurales, aussi voyoit-on plu-
» sieurs de ces fonctionnaires oubliant leurs
» devoirs et méprisant toutes les lois, admi-
» nistrer leurs communes d'après leurs pas-
» sions, imposer des amendes, des corvées,
» et tel d'entr'eux pour satisfaire sa haine,
» disposer des propriétés particulières sur le

---

M. Camille-Jordan et celui de M. Fabvier ont fait dans les campagnes. Les vieux révolutionnaires, tous ceux que le désordre de leur conduite, leur impiété ou leur immoralité ont brouillé avec les honnêtes gens et avec leur curé, se sont imaginé qu'avec leurs nouveaux appuis, ils pouvoient tout insulter, tout braver. — Le libelle de M. Sainneville a été moins dangereux ; il est trop cher pour la canaille. Elle n'a pu s'autoriser que de son nom.

» plus vain prétexte, et par les insultes les
» plus graves exciter le mécontentement de
» ses administrés. (1)

Ces imputations étoient atroces, mais comme elles ne présentoient aucun fait précis, comme personne n'étoit nommé ni même désigné, au lieu de répondre par des écrits, à l'exemple de M. de Chabrol et des autres personnes calomniées, les Maires jugèrent qu'il leur convenoit de faire une nouvelle tentative auprès du Ministre. Par une lettre en date du 7 avril, ils mirent sous ses yeux les déplorables effets du libelle du colonel Fabvier, et lui rappelant chaque accusation en particulier, ils le supplièrent avec instances de vouloirbien faire constater :

Si les Maires des communes rurales avoient oublié leurs devoirs.

S'ils avoient méprisé toutes les lois.

S'ils avoient administré leurs communes d'après leurs passions.

S'ils avoient imposé des amendes, des corvées.

Si tel d'entr'eux, pour satisfaire sa haine, avoit disposé des propriétés particulières sur le plus vain prétexte.

Si par les insultes les plus graves, ils

---

(1) Lyon en 1817, pag. 10.

avoient excité le mécontentement de leurs administrés , etc.

Une réponse en date du 17 avril, nous apprit que son Excellence avoit chargé M. le Préfet du Rhône *de nous donner connois-sance des observations que lui avoit suggé-rées notre Mémoire ;* et le 22 du même mois chacun de nous reçut de M. Lezay de Marnezia une lettre de la teneur suivante.

### MONSIEUR,

« Son Excellence le Ministre d'Etat de l'Intérieur, qui a reçu le nouveau mémoire de MM. les maires révoqués en octobre dernier, tendant à ce que leur conduite soit soumise à une enquête solennelle, me charge de vous donner les observations dont cette demande a paru susceptible.

» Le Gouvernement est investi, par la loi du 28 pluviôse an 8, du droit de nommer et de révoquer à volonté les fonctionnaires de l'ordre administratif. Cette loi ne lui impose pas de mode ni de condition dans l'usage de cette faculté ; et par conséquent, il peut s'abstenir, comme il l'a fait dans le cas particulier dont il s'agit, de faire une enquête préalable. En un mot, les fonctions administratives sont un mandat que le Gouvernement a le droit de donner ou de retirer à sa volonté, sans être obligé de rendre compte à qui que ce soit des motifs de ses déterminations.

» D'un autre côté , son Excellence observe que des révocations de cette sorte, peuvent être prononcées pour des motifs de convenances générales , ou à cause de circonstances tout-à-fait étrangères à la conduite des fonctionnaires qui en sont l'objet; de telle sorte qu'elles ne peuvent porter atteinte à leur réputation, ni leur faire tort dans l'opinion publique, et que leur honneur n'est nullement intéressé dans ces mesures.

» D'après ces considérations , son Excellence me charge de vous prévenir qu'elle ne juge pas à propos de faire procéder à l'enquête demandée.

» Agréez, Monsieur, l'assurance de ma considération distinguée. »

Le Préfet du Rhône ,

*Signé* , LEZAI-MARNEZIA.

En lisant cette lettre , dont le langage diffère un peu de celui que tient le Chef d'Etat-Major de M. le Maréchal Duc de Raguse , nous crûmes tous reconnoître la pensée du Ministre. Il nous parut évident que son Excellence n'auroit jamais pris la peine de faire adresser de pareilles observations à

des magistrats qu'elle eût jugés *persécuteurs*.
Néanmoins, les armes que nous fournissoit
sa réponse, nous semblèrent trop foibles pour
repousser complettement les diffamations dont
nous étions chaque jour l'objet. L'erreur commise dans le *considérant* de l'arrêté du 21
octobre subsistoit toujours, et nos détrac-
teurs citoient sans cesse ce considérant comme
un témoignage *officiel* contre nous. Nous
tentâmes un dernier effort. Persuadés que
M. le Préfet appréciant nos motifs, auroit
assez de bienveillance pour les faire valoir
lui-même auprès du Ministre, nous osâmes
l'en prier, par une lettre du 20 mai.

S. Excel. le Ministre de l'intérieur avoit
daigné répondre à notre première lettre,
M. le Préfet ne jugea pas à propos de répondre à la seconde.

La publication de ces détails étoit nécessaire pour montrer qu'il n'a pas tenu à messieurs les maires révoqués que leur conduite
ne fût soumise à un examen sévère et ri-
goureux.

Elle étoit nécessaire, pour confondre ceux
qui, encore aujourd'hui nous reprochent de
n'avoir pas même, à l'exemple des autorités
supérieures de ce département, écrit un seul
mot pour notre justification.

Elle étoit nécessaire, pour couvrir de
honte ces colporteurs de mensonges, qui vont

répétant par-tout que notre silence est une preuve péremptoire de nos torts.

La haine les aveuglera -t - elle encore au point de ne pas leur laisser voir que leur langage accuse ce même gouvernement dont ils feignent si mal-adroitement depuis quelques mois, d'admirer la sagesse? Si nos vexations ont mis le fer entre les mains des rebelles, si nous avons poussé des malheureux à des actes de désespoir dont les suites ont été l'exil ou la mort, qu'ils nous disent donc comment, sans se rendre fauteur de nos crimes, ce même gouvernement, par l'organe du Ministre, nous fait dire que s'il ne juge pas l'enquête nécessaire pour notre révoca-tion, c'est que « des révocations de cette » sorte peuvent être prononcées pour des » motifs de convenances générales, ou à » cause de circonstances tout-à-fait étran-» gères à la conduite des fonctionnaires qui » en sont l'objet; *de telle sorte qu'elles ne* » *peuvent porter atteinte à leur réputation,* » *ni leur faire tort dans l'opinion publique,* » *et que leur honneur n'est nullement inté-* » *ressé dans ces mesures.* »

On saura désormais que nous avons épuisé les moyens de faire constater la vérité; on saura que si nous pouvions espérer d'obtenir une requête, nous la demanderions encore.

Nous la demanderions ! mais pourquoi nos

accusateurs ne l'ont-ils pas demandée, lorsque cités devant la Cour prévôtale, ils pouvoient excuser au moins leur rebellion par
les prétextes qu'ils présentent aujourd'hui ?
Peut-être, diront-ils, que c'eût été irriter des
juges déjà aigris et passionnés ? Quèlque
fausse que soit cette raison considérée en
elle-même, quelque absurde qu'elle soit, sur-
tout dans la bouche d'hommes qui se voient
condamnés à la mort, je consens à l'admet-
tre ; mais au moins depuis qu'ils se sont
sentis appuyés et soutenus par M.<sup>gneur</sup> le duc
de Raguse, pourquoi n'ont-ils pas solennellement rendu plainte contre nous ? Au lieu de se
borner à des dénonciations clandestines qui
n'ont eu que le stérile résultat de notre révocation, pourquoi ces gens *si grièvement in-
sultés*, ces gens *des propriétés de qui nous
avons disposé sous les plus vains prétextes*,
ces gens à l'égard *de qui nous avons méprisé
toutes les lois* (1) ne nous traînent-ils pas aujour-
d'hui devant les Tribunaux ? Nos personnes et
nos propriétés sont là. Nous ne sommes plus
sous une *administration malfaisante*. M. le
Lieutenant du Roi *a tout remis dans l'ordre*.
Pourquoi ne cherchent-ils pas à obtenir sur
nous et sur nos biens un dédommagement

---

(1) Lyon en 1817, page 28.

plus réel des maux que nous leur avons faits?
Pourquoi ? Ah ! il suffit de les connaître pour
en savoir le véritable motif. C'est parce que
tout ce qu'on a dit, tout ce qu'on a écrit,
tout ce qu'on a imprimé en leur faveur n'a
pu étouffer le cri de leur conscience ; c'est
parce qu'ils savent que la justice est rentrée
en France avec Louis XVIII ; c'est parce qu'ils
savent que nous ne sommes plus à ces époques si chères à leurs souvenirs, où des
Tribunaux révolutionnaires eussent prononcé
libéralement contre nous ; c'est, en un mot,
parce que leurs remords et l'équité des magistrats les avertissent qu'ils seroient con-
fondus.

Ici finiroit ma réponse, si M. Fabvier dans
un nouvel écrit ne venoit d'exposer quelques
faits particuliers et plus précis à l'appui des
imputations vagues que contient son premier
libelle.

Cette fois M. le colonel, pour me servir
d'une de ses expressions favorites, n'accuse
plus en *masse* messieurs les Maires révoqués.
Je trouve dans un article séparé les causes
pour lesquelles j'ai mérité la dénomination
de *persécuteur*. J'y vois quels actes de mon
administration ont déterminé M.^gneur le Duc
de Raguse à prononcer ma révocation
comme une *satisfaction donnée aux persécutés*. Les voici :

» J'arrive dans la commune de St. Andéol;
» *l'adjoint et la commune entière* se présen-
» tent et portent plainte pour la dixième
» fois.

» L'adjoint, qui paye beaucoup plus des
» trois cents francs exigés, n'a pu parvenir
» à être porté sur le tableau des électeurs,
» et c'est l'arbitraire d'un homme qui l'a
» privé du plus beau de ses droits. *Tous les*
» *citoyens* ont été accablés de taxes arbi-
» traires, d'arrestations illégales.

» Un chemin dont la largeur avoit été
» fixée à 12 pieds par un arrêté, a été porté
» jusqu'à 20 et 30, tracé à fantaisie, dépé-
» çant les propriétés sans aucune indemnité.
» Ceux qui se plaignent d'un tel désordre
» sont mis en prison, un membre du conseil
» municipal n'est pas épargné.

» Etienne Colomban déclare qu'étant ar-
» rivé trop tard à la corvée, il a été con-
» damné à trois jours de travail, à 12 francs
» d'amende, et à nourrir deux gendarmes
» en garnisaires pendant plusieurs jours.]

» MM. Chavannet et Baudet sont dans le
» même cas.

» On ajoute que dans cette commune
» la terreur qu'éprouvoient les habitans a
» étendu la prestation en nature jusqu'à
» faire rentrer gratis les moissons de quel-
» ques particuliers.

» Le Roi ayant envoyé de sa cassette des
» secours aux malheureux, St-Andéol avoit
» été porté pour 80 francs, on se plaint de
» n'en avoir pas vu la répartition.

» Lors de l'arrivée des troupes après le
» huit juin, cinquante hommes ont été
» envoyés chez M. Raillart, et malgré ses
» réclamations, malgré qu'il ne soit pas
» même nommé dans aucune des recher-
» ches faites à cette époque, il lui en a coûté
» pour ce séjour 1,800 francs, et 270 francs
» sous prétexte de souliers à fournir aux
» troupes (1). „

Tels sont mes crimes.

M. Fabvier n'aime pas les Cours prévôtales ;
pour moi, fort de la bonté de ma cause, je ne
voudrois d'autre faveur que celle d'être jugé
par un tel Tribunal, fût-il composé d'après
les ordres de M.<sup>gneur</sup> le duc de Raguse, fût-il
présidé par M. le chef de son État-major.

Privé de cet avantage, c'est devant le
Tribunal de l'opinion auquel je suis dénoncé
que je vais présenter ma justification. Je
suivrai un à un les griefs qu'on m'impute.
Le public décidera si la vérité se trouve du
côté de mon accusateur.

______________________________

(1) Lyon en 1817, 2.<sup>e</sup> partie, page 32.

## 1.er GRIEF.

" J'arrive dans la commune de Saint-
„Andéol ; l'*Adjoint et la commune entière*
„ se présentent et portent plainte pour la
„ dixième fois. „

Que les Magistrats qui, les premiers après
l'épouvantable désordre des cent jours, ont
été chargés de faire respecter l'autorité du
Roi dans les campagnes eussent excité les
plaintes des paysans dévoués la plupart à
la cause de l'usurpateur, il n'y auroit pas
là de quoi étonner ; c'est le sort auquel du-
rent s'attendre tous ceux que Sa Majesté
honora de sa confiance à cette époque fatale,
et plus que tout autre, en acceptant les fonctions de Maire, je m'y résignai moi-même.
Je savois que la commune qui m'étoit confiée
renfermoit un grand nombre d'ouvriers ,
qu'aux diverses époques de nos troubles,
depuis 1793 jusqu'en 1814, la malveillance
avoit réussi sans peine à les égarer ; que
tout récemment encore , Barret, ce même
chef qui depuis organisa l'insurrection du 9
juin , étoit parvenu à former une troupe de
soixante-douze hommes pour marcher contre
M.gneur le duc d'Angoulême, et que la plupart
n'étoient rentrés dans leurs foyers qu'en
maudissant le gouvernement royal que l'on

m'appelait à faire respecter (1). M'étoit-il permis d'espérer que de telles gens supporteroient mon administration sans se plaindre? non. Aussi la résignation à ces plaintes fit-elle partie de mon dévouement et de mon sacrifice.

Je rendrai néanmoins justice à St-Andéol; il s'y trouve encore plusieurs familles attachées à la légitimité, et certainement ce ne sont pas celles-là dont la voix s'est élevée contre moi. D'autres, sans opinion, et uniquement occupées de leurs travaux, se sont habituellement montrées indifférentes aux mouvemens politiques ; celles-là encore ne se sont jamais plaintes de mon administration. Restent les agitateurs et ceux que leurs menées coupables ont égarés. Ce sont sûrement ces hommes qui aux yeux de M. le colonel Fabvier composent la *commune entière*. Toutefois je suis bien aise de lui apprendre que parmi ceux - là même, il en est qui, loin de se *plaindre* de moi, proclament avec reconnoissance que je les ai sauvés du précipice dans lequel les avoient entraînés les factieux. Je ne connois que quatre hommes qui aient réellement élevé et re-

_____________

(1) Le contrôle nominatif de ces 72 hommes a été trouvé chez Barret lors de la visite faite chez lui après le 9 juin. Ce sont presque tous les mêmes hommes avec lesquels il a fait la dernière insurrection.

( 24 )

nouvelé des plaintes contre moi. Ces quatre
hommes sont-ils la *commune entière ?* Je
pourrois les nommer ; je m'abstiendrai de le
faire. Je ne veux pas citer ici des noms qui
rappelleroient les pillages, les sacriléges , les
vols des jours de 93 , jours pour lesquels
M. le colonel a une si juste horreur.

## II.<sup>e</sup> G R I E F.

« L'adjoint qui paye beaucoup plus des trois
» cents francs exigés, n'a pu parvenir à être
» porté sur le tableau des électeurs , et c'est
» *l'arbitraire d'un homme* qui l'a privé du
» plus beau de ses droits. »

L'homme dont *l'arbitraire* a privé M. l'adjoint du plus beau de ses droits, semble ne
pouvoir être que M. de Chabrol ou moi. Je
vais démontrer que ce n'est pas moi, et des
preuves que je donnerai, il résultera également que ce ne sauroit être M. de Chabrol ;
mais, pour faire un peu de cour à M. le
Colonel, je ne finirai pas sans lui révéler le
véritable coupable.

La contribution de 1816 fut indiquée par
le Roi, comme devant servir de base à l'inscription de MM. les Electeurs de 1817.
D'après cette règle, M. l'adjoint n'étant porté
sur les rôles que pour la somme de 250 à
260 francs au plus , ne pouvoit être inscrit.

Cependant, dans le cours de l'année, il avoit acquis de moi un terrein dont l'impôt, ajouté à celui qu'il payoit déjà, portoit sa cotte à 302 francs et quelques centimes. Ce sont, sans doute, ces deux francs et quelques centimes de plus, qui font dire à M. Fabvier que son protégé payoit beaucoup plus *des trois cents francs exigés.*

D'après cette acquisition, M. l'adjoint auroit pu profiter des dispositions arrêtées par M. le Préfet, en date du 5 avril 1817, qui portent que « du moment où les individus » qui se présentent à l'inscription peuvent » justifier, par un acte authentique, que » la propriété leur appartient, et qu'ils en » jouissent...... ils doivent jouir des droits » qu'elle leur donne. »

Mais il restoit encore une difficulté, c'est que, par une nouvelle lettre de M. de Chabrol, en date du 26 avril 1817, il étoit enjoint aux Maires de ne compter aux propriétaires l'impôt des portes et fenêtres, *qu'en ce qui concerne la maison* ou *l'appartement qu'il occuppoit,* et à ce compte-là, M. l'adjoint perdoit encore tout droit à l'inscription (1).

---

(1) Je dénonce à M. le colonel Fabvier, M. Lezay de Marnésia, qui, par un arrêté du 7 juillet, vient de se montrer aussi *arbitraire* que M. de Chabrol, relativement à l'impôt des portes et fenêtres.

Je pourrois m'en tenir là , et laisser M. Fabvier et M. l'adjoint se débattre avec M. de Chabrol ; mais je dois à la vérité de dire que ce Magistrat , en prescrivant à MM. les Maires les règles dont je viens de parler , étoit formellement autorisé par une décision de M.<sup>gneur</sup> le Ministre de l'Intérieur , en sorte que son Excellence est précisément *l'homme* dont *l'arbitraire a privé M. l'adjoint du plus beau de ses droits* (1).

### III.<sup>e</sup> GRIEF.

« *Tous les citoyens* ont été accablés de
» taxes arbitraires , d'arrestations illé-
» gales. »

La réfutation de cette imposture sera courte. Je n'ai jamais imposé une seule taxe. Si , par ce mot , M. le Colonel, feignant de ne pas entendre le français , veut désigner les journées de travail, ou les amendes pour contravention aux lois, il trouvera en effet, non pas *tous les citoyens* , mais deux ou trois *mauvais* citoyens punis, et en ce cas même , il reconnoîtra que l'indulgence du Magistrat a pris soin d'adoucir la rigueur de la peine qu'il avoit le droit d'infliger.

Quant aux *arrestations illégales* , M. le

---

(1) Voyez , Pièces justificatives , N.° 1.

Colonel a voulu plaisanter, sans doute, lorsqu'il dit que j'en ai *accablé tous les ci-toyens*. Il n'y a pas de maison de détention à St-Andéol; où aurois-je mis un si grand nombre de prisonniers ? La vérité est que, à part ceux à l'arrestation desquels je n'ai pu m'empêcher de concourir à l'époque du 8 juin, sans désobéir aux ordres formels de l'autorité supérieure, la vérité, dis-je, est que dans tout le cours de mon administra-tion, je n'ai fait arrêter que deux personnes; la première, pour avoir répandu des nou-velles tendantes à exciter à la révolte, lors de l'insurrection de Grenoble; la seconde, pour avoir affiché à la porte de l'église des placards injurieux, et troublé l'office divin; l'un et l'autre furent aussitôt remis entre les mains de la justice.

## IV.ᵉ GRIEF.

« Un chemin, dont la largeur avoit été
» fixée à douze pieds par un arrêté, a été
» porté jusqu'à 20 et 30, tracé à fantaisie,
» dépéçant les propriétés, sans aucune in-
» demnité; ceux qui se plaignent d'un tel
» désordre sont mis en prison; un membre
» du conseil municipal n'est pas épargné.»

Il n'est pas d'imputation qui, plus que celle-ci, prouve la source impure à laquelle ont été puisés ces renseignemens. Ceux qui les ont transmis à M. le Colonel, n'auroient pas agi autrement s'ils eussent voulu le livrer à la risée publique.

Tous les habitans de St-Andéol, et toutes les communes voisines attesteront, non-seulement l'importance du chemin dont il s'agit, mais encore l'urgence des réparations, et la sagesse comme le désintéressement avec lesquelles elles ont été exécutées. C'est un des actes de l'administration auquel je m'honore le plus d'avoir pris part.

Le conseil de la commune, assemblé par ordre de M. le Préfet, le 20 janvier 1817, pour délibérer sur les chemins vicinaux, prenant pour base *ce qui avoit déjà été statué sur ce point*, *le 7 juillet* 1806, arrêta que le chemin dont il s'agit auroit 12 pieds de large, et que, de plus, dans les parties où l'écoulement des eaux exigeroit des fossés, le terrain seroit pris sur les fonds des propriétaires riverains. Il détermina en même temps les journées de travail, ainsi que la part qu'en devroit faire chaque habitant. Cette délibération fut approuvée par une décision de M. le Préfet, en date du 3 février 1817 (1).

La trace étoit fixée depuis long-temps; il ne s'agissoit plus que d'assainir le chemin et

_______________

(1) Voyez, pièces justificatives, N.º 2.

de l'élargir. Pour cela sans doute on dut ; selon la belle expression de M. Fabvier , *dépécer les propriétés* , c'est-à-dire, prendre sur le terrein voisin de quoi fournir la largeur prescrite. Il faut que j'apprenne à M. le Colonel que la première et la plus considérable des *propriétés dépécées* m'appartient. Pour ce *chemin de fantaisie* , je fus obligé de céder six pieds de largeur , sur cinquante de longueur , et d'abattre un mur neuf , construit à chaux et à sable , le tout *sans indemnité*.

Quelques-uns se plaignirent sans doute, et qui ne se plaint pas en pareille occasion ! mais ceux qui ont fait croire à M. le Colonel qu'ils avoient été mis en prison, lui ont dit aussi bien la vérité en cette rencontre, que lorsqu'ils lui ont déclaré que j'avais *accablé d'arrestations illégales tous les habitans de Saint-Andéol*.

Au reste, je lui nommerai moi-même les plaignans. Ce sont le Maire actuel , et le S.r Raillart auquel il porte un intérêt si tendre.

La propriété du premier étoit bordée d'une haie qui gênait l'alignement ; il falloit ou détruire cette haie , ou abattre les maisons du côté opposé. Je crus ne devoir pas plus d'égards à M. Petit-Pierre qu'à moi-même. La haie fut abattue , mais le chemin en cet endroit n'a pas plus de 13 à 14 pieds, en y comprenant les fossés prescrits par l'arrêté du Conseil.

Le S.ʳ Raillart a en apparence plus de raison de se plaindre ; il lui a été enlevé 18 pieds de terrein ; mais pour consoler M. Fabvier dont le cœur sensible ne peut souffrir une injustice, je lui dirai que la propriété du S.ʳ Raillart est un bien que la *nation* lui a vendu par acte reçu Lecourt, notaire, le 12 avril 1791, *à la charge par l'acquéreur de fournir dix-huit pieds pour le chemin* dont l'administration du temps avait déjà conçu la *fantaisie*.

Je n'insiste pas davantage. Il n'est pas de fait plus aisé à constater que l'état *de la voie publique*. Si jamais M. le Colonel vient à St-Andéol voir les bons amis qu'il s'y est fait, il reconnoîtra la chose par lui-même. Quant aux lecteurs qui n'ont pas de motifs pour visiter les *persécutés*, ils se contenteront volontiers, j'espère, de la déclaration d'un inspecteur des chemins vicinaux. (1)

## V.ᵉ GRIEF.

« Etienne Colomban déclare qu'étant ar-
» rivé trop tard à la corvée, il a été con-

---

(1) Voyez pièces justificatives, N.º 3.

» damné à trois jours de travail, et 12 fr.
» d'amende, et à nourrir deux gendarmes
» en garnisaires pendant plusieurs jours. »

» MM. Chavannet et Baudet sont dans le
» même cas. »

Et moi je déclare qu'Etienne Colomban
n'est pas arrivé trop tard à la corvée, qu'il
n'a pas été condamné à trois jours de travail,
à douze francs d'amende, et à nourrir deux
gendarmes en garnisaires pendant plusieurs
jours, et que MM. Chavannet et Baudet ne
sont pas dans le même cas.

Etienne Colomban, commandé pour les
chemins en vertu de l'arrêté de M. le Préfet,
s'y présenta en même temps que les autres ;
mais il disparut une heure après. Deux fois
l'ordre de reprendre son travail lui fut signifié
*par écrit*, deux fois il refusa d'obéir, et je
me vis forcé d'envoyer *un* gendarme dans
son domicile en qualité de garnisaire ; Colomban se débarrassa de cet hôte incommode
le *jour même*, moyennant trente sous.

Conformément au réglement arrêté par
M. le Préfet, il fut condamné à une amende
de six francs, dont le montant versé entre
les mains du Trésorier, se trouve compris
dans la comptabilité relative aux chemins.

Il n'existe point de Chavannet dans Saint-
Andéol.

Baudet, coupable de négligence, ne paya

qu'une demi-journée de travail, sur la promesse faite par lui d'être plus exact le len-
demain ; promesse qu'il exécuta fidèlement.

## VI.ᵉ G R I E F.

« *On* ajoute que dans cette commune la
» terreur qu'éprouvoient les habitans, a éten-
» du la prestation en nature jusqu'à faire
» rentrer gratis les moissons de quelques par-
» ticuliers. »

Je n'ai qu'un mot à dire. J'ai pour M. le
Colonel tous les sentimens qu'il inspire ; mais
*On* est un effronté, un impudent menteur. J'invoque là-dessus le témoignage de
*tous* les citoyens de St-Andéol, sans aucune
distinction d'opinion.

## VII.ᵉ G R I E F.

« Le Roi ayant envoyé de sa cassette des
» secours aux malheureux, St-Andéol avait
» été porté pour 80 francs. *On* se plaint de
» n'en avoir pas vu la répartition. „

Ce *On* étoit tout à l'heure un menteur ;
maintenant c'est un aveugle.

L'arrête de M. le Préfet, en date du 17
janvier 1817, porte que les secours envoyés
aux communes rurales seront appliqués à
payer les pauvres qui devront travailler à
la

la confection des chemins vicinaux ; et telle
a été la destination des 80 francs accordés
par Sa Majesté. La preuve s'en trouve dans
les registres de la comptabilité des chemins,
et *On* l'aurait vue, si *On* savoit lire.

## VIII.ᵉ GRIEF.

« Lors de l'arrivée des troupes après le 8
» juin, cinquante hommes ont été envoyés
» chez M. Raillart, et malgré ses réclama-
» tions, malgré qu'il ne soit pas même nommé
» dans aucune des recherches faites à cette
» époque, il lui a coûté pour ce séjour 1,800ᶠ,
» et 270 francs, sous prétexte de souliers à
» fournir aux troupes. »

Un ordre de M. le Préfet enjoignoit aux
Maires des communes dans lesquelles la révolte avoit nécessité l'envoi des troupes, de
faire peser les principales chargés sur les
plus riches d'entre les rebelles. C'est d'après
cette disposition dictée par la justice que les
50 hommes dont parle M. le Colonel ont été
envoyés chez celui qu'il appelle M. Raillart.
La conduite de cet homme au 8 juin a répondu à celle qu'il a tenue en 1793, et pendant les cent jours. Non-seulement il montra
personnellement le plus grand zèle pour le
succès de l'insurrection ; mais son fils, demeurant et travaillant avec lui, prit la part

la plus active à la révolte ; il fut du nombre de ceux qui vinrent m'assaillir dans mon domicile , et m'enlever les fusils de munition dont j'étois dépositaire.

Ce n'est pas en s'adressant à des gens parmi lesquels figuroient mes assassins que M. le Colonel auroit pu recueillir ces détails.

Il existe au greffe de la Cour prévôtale dix pièces au moins , ou pour parler le langage de M. Fabvier , *dix recherches* dans lesquelles se trouve *nommé* le sieur François Raillart.

Sans aller si loin , M. Cognat , l'Adjoint en qui M. le Colonel a une si grande confiance , auroit pu lui dire toute la vérité ; car certainement M. Cognat est trop honnête homme pour nier qu'il ait signé avec moi, le 9 juin, au matin , une *recherche* intitulée : *procès-verbal de la sédition de St-Andéol* , dans laquelle le sieur François Raillart est le vingt-huitième inscrit sur la liste des rebelles.

Faut-il à M. Fabvier une *recherche* plus positive encore ?

Qu'il demande à M F.<sup>çois</sup> Raillart lui-même si le 14 juin il n'a pas signé de sa propre main un interrogatoire dans lequel il avoue qu'il « descendit avec la foule dans mon domicile, » qu'il reçut un fusil du nommé A. C. fils aîné, » qu'il se rendit sur la place , et de-là alla

» avec les autres aux *Echirés* , et qu'il resta
» avec les insurgés jusqu'au moment où l'at-
» troupement fut dissipé par la force armée
de Mornant. » Cette pièce se trouve au greffe
de la Cour prévôtale ; mais par un bonheur
plus grand que je ne l'imaginois alors , j'ai eu
soin de me réserver une copie des actes
principaux auxquels j'ai apposé ma signature ,
et je puis procurer à M. le Colonel le plaisir
d'en lire un extrait sans sortir de Paris. (1)

Voilà les faits ou les *recherches* relatives
au sieur Raillart. Il est vrai qu'il n'a pas paru
sur les bancs des accusés , où il eût pu subir
une peine bien autrement rigoureuse que
celle de nourrir cinquante hommes. Ce qui
l'a préservé de ce malheur , c'est sa docilité
à obéir aux sommations du commandant
militaire ; c'est le repentir exprimé par le
père et le fils ; ce sont d'autres raisons que
j'omets d'autant plus volontiers que mon
unique but est de repousser la calomnie , et
non pas de convaincre un de mes concitoyens
d'ingratitude.

Il est faux , au reste , que les cinquante
hommes envoyés chez le sieur Raillart lui
aient coûté 1,800 fr. Ces hommes ne firent
que se rafraîchir ; quelques heures après ils

_______________

(1) Voyez pièce justificative , N.º 4.

partirent pour une autre destination ; et dès-lors il ne logea que sept à huit soldats d'infanterie et de cavalerie.

Quant à la fourniture de souliers, la réquisition qui en fut faite, est un acte auquel je suis absolument étranger. Il en coûta, dit M. Fabvier, 270 francs sous ce prétexte: C'est une partie de la vérité. Si M. le Colonel eût dit que M. le lieutenant-général Canuel et M. le Préfet avoient très-fortement improuvé cette réquisition faite par un officier de la ligne, s'il eût ajouté que le Colonel duquel dépendoit cet officier en avoit remboursé le montant, il eût dit la vérité toute entière.

Il reste un dernier Grief que M. le Colonel ne m'impute pas ; il est vrai, directement, mais dont ses échos m'ont plusieurs fois accusé, et auquel je dois une réponse. C'est celui qui concerne le désarmement.

## IX.<sup>e</sup> G R I E F.

« J'ai dit que non-seulement on avoit exé-
» cuté le désarmement d'une manière arbi-
» traire, et avec une rigueur illégale, mais
» que des particuliers avoient dû acheter des
» armes pour les livrer. On a nié ces faits. Le
» bourg de Brignais l'attestera en masse, lui
» à qui il en a coûté 800 francs. »
On a nié ces faits, on les niera encore.

Le 13 juin, M. le Préfet du Rhône prit un arrêté motivé sur l'ordonnance du 24 juillet 1816, et enjoignit aux Maires de faire rentrer les *armes de guerre*, de faire également saisir à domicile les *armes autres que celles de guerre*, sauf les exceptions déterminées par la loi. Cet arrêté n'accordoit pour tout délai que *vingt-quatre heures*. Il étoit recommandé *à tout notre zèle*, *à tout notre dévouément*.

Une lettre du 24 juin nous avertissoit *encore* que l'exécution de l'arrêté ci-dessus devoit être *prompte et entière*. " Je n'admettrai, disoit M. le Préfet, ni excuse, ni atermoiement, l'intérêt de l'ordre public me le commande, et l'intérêt de ceux de MM. les Maires qui se sont trouvés dernièrement exposés à des dangers, qu'ils ont su affronter avec courage, m'en fait un devoir. »

Cependant, après des recommandations si réitérées, après des instances si vives, le 23 juin, M. de Chabrol fut obligé de revenir à la charge, et de rappeler aux fonctionnaires publics qu'on avoit voulu les assassiner, *que les fonctions publiques qu'ils remplissoient demandoient, indépendamment de la reconnoissance de l'autorité, une entière sécurité pour leurs personnes.*

« Je vous engage ajoutoit-il, à seconder, par tous les moyens qui sont en votre pou-

voir, les chefs des détachemens qui se trans-
portent dans les communes.

» En concourant de tout votre zèle à l'o-
pération du désarmement, en signalant les
récalcitrans, en les désignant à l'autorité,
en rendant enfin cette opération plus rapide
et plus prompte, vous ferez le bien de vos
communes, et vous concourrez puissamment
au succès d'une mesure qui doit assurer votre
repos. »

Est-ce ainsi, je le demande, qu'on écrit à
des Magistrats qui ne se signalent que par
l'*arbitraire* et par une *rigueur illégale ?* Est-ce
ainsi sur-tout qu'eût écrit un homme dis-
tingué par l'extrême modération de son ca-
ractère ?

A deux époques différentes, d'après les
arrêtés de M. le Préfet, le désarmement a
été opéré dans St-Andéol. Cette mesure a
fait rentrer en deux fois plus de cent vingt
fusils de calibre. Le délai fixé pour la remise
étoit de 24 heures. Le plus grand nombre
a été livré dans le terme prescrit. Nous avons
été obligés d'en acheter, me disoient quelques-uns, et il est à remarquer que c'étoient
les plus révolutionnaires. — Qui vous les
a vendus, répliquois-je ? — Et ma question
demeuroit sans réponse. Qui auroit pu en
effet les leur vendre ? la manufacture de
Saint-Etienne ? Mais se fût-elle ainsi exposée

dans de telles circonstances sur - tout, à encourir les peines portées par les lois ? — Des armuriers particuliers ? — Mais il n'en existe pas dans St-Andéol, ni dans les environs. Croit-on que la cupidité, que l'espoir d'un foible profit les eût déterminés à violer leurs obligations, et à se compromettre pour des paysans qui, d'un moment à l'autre, pouvoient avoir à justifier leur conduite devant les Magistrats ?

Et puis, pour arriver à St-Etienne ou chez des armuriers, il falloit absenter au moins un jour, il falloit avoir obtenu une autorisation d'autant plus nécessaire alors, que les absens étoient réputés rebelles. Dans les trois jours, pendant lesquels se prolongea le désarmement, c'étoit un crime de se trouver hors de la commune. La surveillance à cet égard étoit assez active. Comment donc auroit pu se faire, au milieu de tant de dangers, un achat d'armes, qui n'est pas sans difficulté dans un temps ordinaire ?

Je le demande, d'ailleurs, à M. le Colonel Fabvier ; quand l'autorité supérieure a jugé à propos de désarmer les citoyens, si celui qui se voit forcé d'apporter une arme, déclare qu'il a été obligé de l'acheter, le Magistrat est-il tenu de croire une pareille assertion ? En ce cas, il n'y aura jamais de désarmement.

Je n'ai pas les talens de M. le Colonel, et moins encore ceux de M.<sup>gneur</sup> le Maréchal ; mais s'il étoit permis à un Maire de campagne de se supposer un instant chef d'état-major, ou lieutenant du Roi, envoyé dans un département pour y réprimer des désordres tels que ceux dont il s'agit, je dirois que certainement avant la fin de ma mission, j'aurois exigé de ceux qui auroient prétendu avoir été réduits à acheter des armes, qu'ils me fissent connoître les vendeurs, et ceux-ci eussent été livrés à la rigueur des lois. (1).

————————————————————————

(1) M. Figurey, ancien Maire de Brignais, instruit que j'allois publier la justification de ma conduite administrative, m'a fait l'honneur de m'adresser la lettre suivante :

*Lyon, le premier juillet 1818.*

## LE MAIRE RÉVOQUÉ DE LA COMMUNE DE BRIGNAIS,

A Monsieur le Maire révoqué de la commune de Saint-Andéol.

MONSIEUR,

JE suis informé que vous vous proposez de répondre aux mensonges du colonel Fabvier ; comme ce qui concerne la commune que j'ai eu l'honneur d'administrer après les cent jours jusqu'à l'arrivée du duc de Raguse, est d'une très-petite importance, je n'écri-

Pour faire peser plus particulièrement sur les Maires des campagnes les prétendus torts d'une administration présentée comme *malfaisante*, M. le Colonel, avec le ton de supériorité d'un protecteur, offre à M. de Chabrol de honteux moyens d'excuse que repoussent également et la vérité des faits, et

---

rai point, mais je déclare, pour rendre hommage à la vérité, qu'il est faux que la commune de Brignais ait acheté des fusils lors du désarmement ; que ceux qui ont été rendus benevolement ont été payés d'après le tarif établi par M. le comte de Chabrol ; que ceux qui ont été enlevés aux récalcitrans par M. le Commissaire délégué par M. le Préfet, étoient bien entre les mains des détenteurs, qui ne les ont point achetés, qui ne pouvoient point les acheter, attendu qu'aucun marchand ne pouvoit en vendre, et que, quelque part qu'ils fussent ailleurs, ils appartenoient au gouvernement, à qui ils avoient été dérobés, de telle ou telle manière qu'il est inutile d'expliquer ; mais que le colonel Fabvier connoît très-bien.

Au surplus, je déclare que je n'ai pas même le mérite d'avoir exécuté en cette circonstance les ordres sages de M. de Chabrol. On a bien voulu m'épargner la peine de tous les désarmemens. Je ne me donne pas pour avoir opéré tout le bien qui s'est fait ; mais j'affirme contre l'assertion du Colonel que je dis la vérité, ce que je lui prouverai quand et comme il le voudra.

J'ai l'honneur d'être révoqué comme vous,

*Signé*, **FIGUREY.**

lés nobles sentimens de ce Magistrat. « Je
conseille, dit-il dans son nouveau libelle, je
conseille à M. de Chabrol de ne pas insister
pour supporter sa part de la responsabilité.
On ne le voudra pas; on aimera mieux croire
qu'il a été foible et entraîné, que constamment rélégué au fond de son cabinet, *il a
dû ignorer le mal qui se faisoit sous son autorité*, et qu'un peu de surveillance auroit
arrêté. »

M. de Chabrol n'a certainement pas besoin
que je relève l'indécence avec laquelle un
homme aussi ennemi de la vérité, qu'étranger
aux détails des fonctions civiles, ose calom-
nier l'administration la plus vigilante et la plus
modérée qu'ait eue le département du Rhône.
Mais je dois rendre hommage au zèle éclairé,
actif, infatigable d'un fonctionnaire qui s'ap-
pliqua constamment à rechercher les nombreuses causes de trouble que récéloit le département, qui ne cessa de réprimer les désordres sans distinction d'opinions ou de
partis, et dont la surveillance nous eût sauvés, si elle eut servi de modèle à celui que
sa place à Lyon appeloit plus particulièrement à prévenir les conspirations et les com-
plots.

Aucun Préfet mieux que M. de Chabrol
ne sut tout ce qui se passoit dans son département. En ce qui me concerne, il n'est pas

un seul acte un peu important de mon administration qu'il ne connût. Ses arrêtés me servirent toujours de guides, et quant aux cas particuliers où j'ai pu me trouver, je donne à M. le colonel Fabvier le défi de citer aucun fait que je ne sois en état de justifier par des lettres de l'autorité. Sous ce rapport, la responsabilité pèse beaucoup moins sur moi que sur mes supérieurs immédiats, comme elle pèse moins encore sur ceux-ci que sur les premiers dépositaires du pouvoir dont il-furent exacts à suivre les instructions et les ordres.

Le lecteur impartial sait maintenant à quoi s'en tenir. Il sait si je suis un de ces persécuteurs à qui il *falloit inspirer une crainte utile*, un de ces persécuteurs dont la révocation était nécessaire pour *donner quelque satisfaction aux persécutés.*

Si les correspondans qui ont donné à M. le Colonel des renseignemens sur les autres parties du département du Rhône, ressemblent à ceux qui lui ont fourni les griefs dont on vient de voir la réfutation, je le dis sans crainte de me tromper, le gouvernement trouvera chez M. Fabvier la liste la plus complette des conspirateurs ou de leurs affidés.

Peut-être cependant quelques-uns de ces hommes qui sont dans l'habitude de crier

à *la persécution* pour peu qu'un fonctionnaire fidèle montre de sévérité contre les en-
nemis du Roi, affecteront-ils encore des in-
certitudes et des doutes ?

A ceux-là, à ces prétendus bons Français
qui osent parler de leur dévouement pour le
Roi, tout en se vantant d'avoir paru avec
la cocarde *tricolore* aux champs de Waterloo,
je pourrois d'abord faire cette question : Si
au temps de Buonaparte les royalistes de
St-Andéol eussent levé l'étendard, sonné le
tocsin, assassiné le Maire, proclamé la chute
du gouvernement et marché sur les communes voisines sous la bannière des lis, eût-il
suffi pour excuser les insurgés, que quelque
mois auparavant le Maire buonapartiste les
eût fatigués ( ce que je n'ai pas fait ) par un
chemin tracé à fantaisie, par deux ou trois
amendes, par un envoi de quelques garnisaires ? Ces Messieurs se garderont bien de
faire une réponse affirmative ; on sait trop
ce qu'il en coûtoit du temps de leur héros,
à toute commune, à tout individu qui paroissoit se souvenir du légitime Souverain.

Mais j'ai à leur présenter des raisons plus
concluantes pour eux. Il y a quelques mois, je
croyois encore qu'une obéissance lente, une
obéissance imparfaite, une condescendance
contraire aux ordres de l'autorité pouvoit
exposer au blâme, et peut-être même à la

destitution. Aujourd'hui qu'une telle conduite, aux yeux des feseurs de libelles, est une vertu, et que dans le cas particulier dont il s'agit, elle paroît n'être pas un crime bien grand aux yeux du gouvernement; aujourd'hui, dis-je, à notre honte ou à notre gloire, selon l'opinion des lecteurs, voici la vérité toute entière.

Il est certain qu'avant le huit juin et après cette fatale époque, quelques ordres un peu sévères ont été exécutés avec *mollesse* et *condescendance;* bien que M. le Préfet du Rhône, à qui il étoit de notre devoir d'obéir, nons avertît non sans raison, que *par la condescendance la loi perd sa force et l'ordre public est compromis.* (1)

Pour les temps antérieurs à l'insurrection, la preuve *officielle* de ce que j'avance, se trouve entr'autres dans la lettre de M. de Chabrol, en date du 14 juin que j'ai déjà citée. Cet administrateur, après avoir rappelé son arrêté du 7 août de l'année précédente relatif à l'ordonnance du Roi sur le désarmement, nous adressoit les reproches suivans :

« Si cette ordonnance eût reçu *se complette exécution*, nous n'aurions pas vu des

_______________

(1) Lettre de M. le Préfet du Rhône, en date du 14 juin 1817.

bandes de séditieux se présenter armées contre les troupes du Roi , et porter la terreur
dans l'ame des honnêtes gens , en faisant entendre des cris de mort et de pillage. »

Pour les temps postérieurs au huit juin ,
que les misérables qui nous outragent , lisent
la lettre que voici : qu'ils songent , qu'à l'é-
poque où les maires la reçurent , ils avoient
à craindre que leur conduite , considérée
comme l'effet de la *malveillance* et *de la
foiblesse* , ne les fît passer pour de mauvais
serviteurs du Roi ; et qu'ils parlent encore ,
s'ils l'osent , de persécutions contre nos administrés.

Lyon , le 23 juin 1817.

« Monsieur le maire , je suis prévenu que ,
dans quelques communes , des certificats ont
été délivrés , soit par des habitans , soit
même par des maires à des individus qui
avoient pris une part plus ou moins active
aux troubles qui ont éclaté dans ce département.

» *Une telle conduite ne sauroit être ex-
cusée. Elle ne peut avoir pour cause que la
foiblesse ou la malveillance.* L'autorité doit
se tenir en garde contre l'une et l'autre. Je
vous invite , monsieur le Maire , si des certificats vous étoient demandés par des habitans de votre commue, à ne les leur délivrer

que lorsque vous serez bien certain qu'ils n'ont trempé pour rien dans les événemens. S'il y a du doute, le certificat ne doit point être accordé. Je vous préviens que je serai moi-même très-sévère dans l'examen de ceux qui pourroient m'être présentés. *J'ai déjà eu occasion de m'apercevoir souvent de la légèreté avec laquelle ces sortes de pièces sont délivrées par ceux-là même qui professent les principes du royalisme le plus pur.*

» Veuillez agréer, monsieur le Maire, l'assurance de ma considération distinguée. »

**Le Conseiller-d'Etat, Préfet du Rhône,**

*Signé*, **Le Comte Chabrol.**

Je dois dire la vérité. Cette lettre me concerne moins que d'autres. Je n'ai pas donné de certificats, mais j'ai eu le mérite ou la *foiblesse* de faire plus. Dans une commune qui, comme je l'ai déjà dit, comme les procès-verbaux le prouvent, a fourni à l'insurrection 5o à 6o factieux, dans une commune où j'ai vu les bayonnettes croisées sur ma poitrine, où, luttant corps à corps contre mes assassins, je n'ai pu échapper qu'en les terrassant, réduit à la cruelle nécessité de déclarer les coupables, j'ai cependant contribué à en soustraire à la justice plus qu'elle n'en a frappé. Je nommerois, s'il le falloit, quinze hommes au moins qui me doivent de n'avoir pas paru sur le banc des accusés. Ces hommes l'attesteront eux-mêmes, si toutefois l'écrit de M. le Colonel, ou comme le disent nos paysans, *la loi Fabvier* ne leur a pas fait oublier qu'ils sont venus dans mon domicile m'en témoigner leur reconnoissance.

Quand je tenois cette conduite, la seule précaution que je crusse nécessaire, étoit celle de la cacher sous le dehors de la sévérité. Personne alors ne m'accusoit de *persécution*, et l'autorité me proclamoit digne de la croix-d'honneur. J'étois loin de penser à me procurer des *pièces justificatives* afin de prouver un jour que j'aurois pu mieux faire mon devoir ; toutefois j'en trouve encore assez dans mes papiers pour confondre les prétendus *persécutés* et leur digne patron.

Que les hommes qui visitent les prisons, qui courent nos campagnes pour acheter le mensonge et l'ingratitude, aillent demander au sieur Guillot, amnistié par Sa Majesté, à qui il doit de vivre encore ; et s'il nie que ce soit à moi, voici ce que je montrerai.

Maison

Maison de détention, St.-Joseph, le 12 7bre 1817.

Monsieur le Maire ,

« C'est du sein de la captivité que je me permets de vous adresser ma foible voix pour solliciter votre protection , et vous adresser les hommages d'un cœur reconnoissant *pour l'immortel bienfait que vous avez bien voulu m'accorder ; celui de me sauver la vie.*

» Quoique sous tous les rapports, monsieur le Maire, le triste état où me réduit une pénible détention, soit plus pénible que *celui d'où par intérêt pour moi et ma famille vous avez bien voulu me sauver , je ne dois pas moins vous en témoigner toute ma reconnoissance , me recommander à votre générosité, etc.* »

*Signé* Guillot.

Que les mêmes hommes viennent à Saint-Andéol , qu'ils interrogent le sieur Besson et le sieur Lagier ; qu'ils leur demandent qui les a tirés des cachots ; et si ceux-ci se taisent , la lettre suivante parlera pour eux.

4

Lyon, le 6 juillet 1817.

Monsieur le Maire ,

Je mets en liberté *sur votre réclamation* les nommés Besson et Lagier. Ces deux individus *ne sont pas innocens de ce qui s'est passé dans la journée du* 9 ; mais ils sont sur-tout coupables d'être venus faire une fausse déposition devant la Cour. Leur conduite future vous prouvera s'ils sont dignes de l'indulgence *que vous avez obtenue pour eux.* Expliquez - leur bien que leur liberté cessera aussitôt que vous porterez contre eux quelque plainte.

J'ai l'honneur de vous saluer ,

*Signé* , Ch^er. DESUTTES.

Je n'ai point rangé au nombre des griefs auxquels j'eusse à répondre , le reproche fait à quelques maires d'être des *hommes signalés à une époque horrible.* (1) Simple particulier jusqu'en 1814 , je n'ai commencé à exercer des fonctions publiques que depuis le retour de Sa Majesté. Je ne suis ni noble

---

(1) Lyon en 1817 , 2.^e partie , page 20.

ni émigré. Dans tout le cours de nos troubles politiques, il ne m'est arrivé aucun de ces événemens qui compromettent un citoyen avec ses concitoyens ; aucun de ces événemens qui forcent un homme à quitter un pays ou à changer de nom ; en un mot, je n'ai rien de commun avec cette classe de gens que M. Fabvier accuse d'avoir d'*anciens torts à faire oublier*, ou des *passions personnelles à satisfaire*. (1) Mais les plus forcénés d'entre ceux auxquels, le 9 juin, je disputai ma vie, les plus zélés à colporter aujourd'hui *la loi Fabvier*, se sont certainement *signalés à une époque horrible*. Si c'est bien sincérement que M. le Colonel a en horreur les hommes de cette époque, je suis sûr en finissant, de lui inspirer un sentiment d'intérêt et de bienveillance. Ces gens-là ont obtenu une partie de ce qu'ils vouloient, le jour qu'ils m'assassinèrent ; ils ont pour maire un des leurs : le digne magistrat qui m'a succédé, est le maire de 1793.

De M. Fabvier je passe à M. Sainneville, et je n'aurai pas plus de peine à confondre les impostures de l'un, que je n'en ai eu à faire justice des griefs de l'autre. Le lecteur remarquera sans doute, que lors même que tout ce que le Lieutenant de police va allé-

_______________

(1) Ibid.

guer seroit vrai ; ce qu'a avancé le Colonel
n'en seroit pas moins un tissu de calomnies.
Sous ce rapport, tout ce que j'ai dit suffit
à ma justification ; mais, acteur et témoin
dans les faits dont il s'agit, je dois à la
reconnoissance pour ceux qui nous ont sauvés ; je dois à la justice de rendre hommage
à la vérité, et je la dirai un peu mieux que
ces hommes qui, placés à cent lieues du
théâtre des événemens, ne sont venus la
recueillir que de la bouche de ceux qu'elle
pouvoit compromettre.

### I.re IMPOSTURE.

« A St-Andéol, village qui compte beaucoup d'ouvriers chapeliers (1), les séditieux
n'étoient qu'au nombre de vingt. » (2)

Les procès-verbaux du 9 juin, signés de
mon adjoint et de moi, les interrogatoires
subis par les rebelles devant le commandant
militaire, à St-Andéol, les aveux de plu-
autres coupables devant la Cour prévôtale,
les divers renseignemens que j'ai recueillis
dans le temps, tout s'accorde à porter leur
nombre de 50 à 60 ; mais quand on ne s'en
tiendroit qu'à la liste *nominative* qui fut
dressée le jour même, dans un moment où
il étoit impossible de n'en pas omettre plu-

---

(1) Compte rendu, page 80.
(2) Idem, page 139.

sieurs ; quand on ne s'en tiendroit qu'aux déclarations consignées dans l'interrogatoire du sieur Raillart, dont M. Fabvier m'a forcé de parler plus haut, il y en auroit encore trente-huit. Je les nommerai, si on m'y oblige, et les malheureux s'en prendront à M. Sainneville de la honte d'une telle révélation.

## II.<sup>me</sup> IMPOSTURE.

« Les insurgés, peu nombreux, firent deux cents pas en avant de cette commune, s'arrêtèrent pendant assez long-temps dans un champ, sans aucun dessein fixé : ils aperçurent au loin la garde nationale d'un village voisin qui marchoit contr'eux, ils se dispersèrent aussitôt (1). »

A voir le ton leste avec lequel M. le Lieutenant de police fait sa narration, on diroit qu'il a tout vu, tout entendu, tout vérifié, et qu'il ne s'agit presqu'ici que d'une simple promenade, déconcertée par l'arrivée imprévue des habitans d'un village voisin.

Il est assez constant, ce me semble, que tandis que M. le narrateur étoit à Paris, j'étois à St-Andéol. Le témoignage d'un homme qui a failli payer de sa vie, la vue des faits qu'il raconte, équivaudra sans doute pour bien des gens à celui d'un magistrat

_______________

(1) Ibid. 139.

si loin de son poste ; ceux qui ne s'en conten-
teroient pas, peuvent voir les procès-verbaux
signés par mon adjoint, et la procédure de
la Cour : les pièces sont encore là.

Dès le matin du 9, douze d'entre les conjurés, ayant la cocarde tricolore, et tous armés
de fusils de calibre, s'étoient emparés des deux
portes de l'église, et en défendoient l'entrée ;
d'autres étoient au clocher, sonnoient le tocsin, et se reprenoient alternativement.

Au premier son de la cloche, je vole à
l'église et je somme les rebelles de quitter
les signes de la révolte, et de se retirer.
— « Nous ne vous reconnoissons plus pour
Maire, me répondént les factieux ; le Gouvernement est changé : nous n'avons plus
d'ordre à recevoir de vous. » — J'affecte de
supposer qu'ils ne sont qu'égarés, et j'essaie
de les ramener par mes représentations ; tout
est inutile. Je tente alors de me faire jour
au milieu d'eux, afin d'arriver dans l'église
et d'arrêter le tocsin ; quatre hommes croisent
la baïonnette sur ma poitrine, j'en renverse
deux et je me précipite vers la porte inté-
rieure qui conduit au clocher. Elle étoit gar-
dée par une sentinelle, qui à son tour me
présente la baïonnette : je prends cet homme
à la gorge, mais ses complices accourent,
me font lâcher prise, et me soulevant comme

un fardeau, ils m'emportent et me jettent hors de l'église.

Ceci se passoit à la petite porte.

Trop peu maître de moi pour sentir le danger et l'inutilité de mes efforts, je cours à la grande porte, faire une nouvelle tentative ; cette fois les mêmes individus me couchent en joue, me déclarent *qu'ils ont des ordres de leur chef*, et que *si je fais un pas, je suis mort.* Je m'arrête à ces mots, et je leur demande le nom de celui qui les commande : ils me nomment *Aimé Barret.*

A l'instant, je vais à la recherche de ce misérable ; je le découvre et le saisis ; j'allois le terrasser, quand tout-à-coup je me vois entouré de ses gens, qui me font prisonnier. Quatre d'entr'eux me reconduisent chez moi, et s'y établissent en faction.

Quelques minutes après, trente à quarante hommes, avec la cocarde tricolore, et armés, pour la plupart, de fusils, de sabres ou de pistolets, assaillent mon domicile, et me somment de leur remettre six fusils de calibre que m'avoit confiés M. le Préfet pour le service de la commune. Je brave leur fureur, et leur déclare qu'ils me mettront en pièces plutôt que de me faire commettre une pareille lâcheté. *Les Bourbons ont fait leur temps ; c'est le nôtre :* tels étoient les cris qui se mêloient aux menaces de ces forcenés. Ma femme , effrayée des dangers auxquels elle me voit exposé , est sourde à mes représentations : malgré moi elle va elle-même chercher les fusils , et les remet aux factieux qui les emportent en triomphe (1).

Qu'eussent fait à ma place , dans ces diverses situations , le courageux M. Fabvier , le brave M. de Sainneville ? je l'ignore, mais je ne doute point que les auteurs des désordres qu'on vient de lire, ne leur eussent paru avoir *un dessein fixe* (2).

En même temps que ces scènes se passoient chez moi , d'autres conjurés se portoient à la Levretière , à un quart de lieue de St-Andéol , et alloient désarmer MM. Desmarets et Fillon , membres du conseil.

D'autres encore , sur la route opposée qui conduit à Mornant , poursuivoient mon

---

(1) Ces faits sont constatés par les nombreux interrogatoires des rebelles , à St-Andéol , notamment par celui de J. A. C. , du 18 juin , par celui de C. G. , du 20 juin , par celui du sieur Raillart , du 14 juin , par celui de J. B. T. , du 19 juin , etc. etc.

(2) C'est à la conduite que j'ai tenue en cette occasion que je dois les nombreux témoignages de bienveillance des autorités , qui forment un si étrange contraste avec l'arrêté de ma révocation.

Voyez, pièces justificatives , N.º 5.

adjoint qui avoit pris la fuite, l'atteignoient, le ramenoient au village, faisoient prisonnier M. Monin, médecin, et lui enlevoient son cheval pour s'en servir au profit de la conspiration.

Cependant le tocsin sonnoit encore ; tout-à-coup deux tambours battent le rappel. La bande se rassemble devant le domicile d'Aimé Barret, leur chef ; un aigle, porté au bout d'un bâton, les précède. La troupe se met en marche, et va prendre position sur une hauteur qui domine la grande route, non *à deux cents pas*, mais à une demi-lieue de St-Andéol, dans un endroit nommé les *Echirés*. Deux émissaires avoient été envoyés, pendant la nuit, par Barret, sur la route de Lyon, pour connoître l'issue des événemens de la veille. Ils reviennent et apportent la fâcheuse nouvelle qu'à Lyon et dans les campagnes on a été surpris, *que le coup est manqué*. Aussitôt la consternation se répand ; on ne sait un moment quel parti prendre ; Barret ranime les espérances ; on reprend courage, et l'on tient ferme jusqu'à quatre heures après midi. A cette heure, la garde nationale et la gendarmerie de Mornant paroissent ; alors les premières craintes se renouvellent, on ne doute plus du mauvais succès des conspirateurs de Lyon, l'on jète ses armes dans les bois, pour chercher son salut dans la fuite (1).

Tels sont les faits que M. le Lieutenant de police a renfermés d'une manière si vraie, si claire, si exacte, si concise, mais sûrement *sans dessein fixe*, dans ce peu de mots :

« Les insurgés peu nombreux firent deux cents pas en avant de cette commune, s'arrêtèrent pendant assez long-temps dans un champ, sans aucun dessein fixe. Ils aperçurent au loin la garde nationale d'un village voisin qui marchoit contr'eux ; ils se dispersèrent aussitôt. »

### III.me IMPOSTURE.

« Il est trop vrai encore que des malheureux, comme l'a dit le colonel Fabvier, rassurés par les proclamations et les promesses des chefs de troupes envoyés à leur poursuite, ont quitté leur asile pour venir se livrer à l'autorité, et, au lieu de la grace promise, ont reçu la mort. Cette déloyauté, cette trahison ont été vainement démenties.... On avoit excepté de la grace *des chefs de bandes*, a dit le général Canuel ; mais les

---

(1) Ces faits sont encore constatés par les interrogatoires déjà cités, et par ceux qui ont eu lieu devant la Cour prévôtale.

deux cents cinquante insurgés avoient-ils cent-cinquante chefs ? Les séditieux de St-Andéol n'étoient qu'au nombre de vingt, douze ont été condamnés, etc. »

La déloyauté, la trahison, sont ici une invention digne de M. Sainneville, digne de M Fabvier ; on l'a démentie, on la démentira encore. Ce qui regarde les ordres du jour du général, et le nombre des rebelles *dans les autres communes*, a été déjà expliqué et réfuté par les diverses autorités qui ont publié des réponses justificatives ; cela ne me concerne point. Mais tout ce qui s'est passé à St-Andéol, je l'ai vu et je vais le dire, en donnant le défi le plus solennel à M. Fabvier, à M. de Sainneville, à tous les amis qu'ils ont dans ma commune, d'en contester, en un seul point, la vérité.

Je le répète pour la troisième fois, il est constant que la liste *nominative* des rebelles n'est pas complette, et que néanmoins cette liste, constatée par les procès-verbaux, par les interrogatoires de plusieurs insurgés, et notamment par celui du sieur Raillart, est de trente-huit.

*Les chefs de troupes envoyés à leur poursuite*, arrivèrent à St-Andéol le 11 juin au matin ; ils ne firent ni *proclamations*, ni *promesses de grace ;* ils se bornèrent à donner *un ordre du jour*, qui enjoignoit *à tous* ceux qui recevroient l'ordre de paroître devant le commandant, de se présenter dans les 24 heures, à défaut de quoi ils seroient portés sur la liste des prévenus.

Cet ordre n'étoit point de M. le général Canuel; il n'y étoit question de lui ni directement, ni indirectement; c'étoit simplement une mesure de sagesse et de prudence, prise par le chef de la force armée.

Je ne saurois dire si une telle injonction devoit *rassurer* ou non les *coupables;* rien en effet ne leur annonçoit que l'autorité supérieure leur promît *grace* et *pardon.* Cependant, et comme témoin et comme signataire des interrogatoires subis par ceux qui ont comparu, d'après l'ordre du 11, j'atteste que de tous ceux qui y *obéirent,* je ne dis pas *dans l'instant même,* comme portoit l'ordre, mais dans les trois jours que demeura le commandant, et *qui quittèrent leur asile, pour venir se livrer à l'autorité,* pas un seul n'a reçu la mort, pas un seul n'a été condamné à la moindre peine.

Parmi les hommes qui se présentèrent, quelques-uns parurent visiblement avoir été égarés; ils furent renvoyés, sans même qu'on prît leurs noms. Treize furent interrogés, et immédiatement après rendus à la liberté. On ne me fera pas un crime aujourd'hui de tout avouer; en cette circonstance, j'avois promis ce que ne promettoit pas l'ordre du jour. Des pères désolés, des mères, des femmes en pleurs étoient venus chez moi, me conjurer d'oublier les outrages que j'avois reçus, et de m'intéresser en faveur de leurs enfans ou de leurs époux ; j'avois osé les assurer que ceux qui se présenteroient ne seroient point arrêtés ; je tins ma parole. Un seul, le nommé Montfouilloux, ayant voulu tromper le commandant militaire, fut traduit à Lyon ; mais j'y arrivai presque aussitôt que lui. Je me présentai à M. le Procureur du Roi, et bien que Montfouilloux se fût placé, par ses déguisemens, dans une exception qui me dégageoit de ma promesse, mes instances furent si vives, que j'obtins sa mise en liberté ; il fut relâché sur-le-champ. Cet homme est vivant, il dira la vérité, je n'en doute pas ; mais s'il la taisoit, on la trouvera dans les pièces de la Cour prévôtale.

### IV.e IMPOSTURE.

« Que dira le général Canuel, lorsque nous lui montrerons d'une main les lettres originales écrites à divers individus par un commandant de la force armée pour les engager à rentrer ; et de l'autre, la liste des condamnés, dans laquelle les noms de ces malheureuses victimes de la foi violée se trouvent écrits en caractères de sang ? » (1)

— Pièces jusitificatives des faits énoncés ci-dessus.

« Copie d'une lettre adressée individuelle-ment à plusieurs prévenus de la commune de Saint-Andéol, *pour les inviter à rentrer dans leurs foyers, en suite de l'ordre du jour du général Canuel.*

Saint-Andéol, ce 11 juin 1817.

» Le nommé Colomban voudra bien *se rendre auprès de moi à l'instant même*, con-formément à l'ordre du jour qui vient d'être publié et affiché.

Pour le Commandant d'armes,

*Signé*, G........ Major.

» *Nota.* Il a été condamné à mort par arrêt du 30 juin, exécuté le 1.er juillet.

» Même invitation a été faite et dans les mêmes termes, à Saint-Andéol, le 11 juin 1817, au nommé Claude Guillot père ; et ce Guillot a été condamné à cinq ans de tra-vaux forcés.

» *Nota.* Ces invitations sont toutes signées M. G........ Major, le 11 juin 1817. Les

_______________

(1) Compte rendu, pag 139.

arrêts de condamnation sont du 3o juin 1817. (1) »

Ce que dira le général Canuel ! Il pourra se taire ; car au fond , les arrêts des tribunaux ne le concernent point. Mais , s'il se taît , la vérité trouvera d'autres organes ; et quel que soit celui qui est appelé à la faire connoître , il dira que vos assertions sont d'exécrables calomnies , et il le prouvera.

Il appellera en témoignage le Commandant militaire et le Major que vous citez. Il appellera tout Saint-Andéol ; et tous ceux qui ont quelque horreur du parjure , déclareront en présence de Dieu et des hommes que les faits que vous rapportez ne cachent qu'un astucieux mensonge : l'ignominie en retombera sur vous-mêmes , et *celui qui aura creusé la fosse , tombera dedans.* Sans même recourir à des témoins , votre propre *pièce justificative* vous sera un piège d'où vous ne sortirez pas.

Il dira que l'ordre du jour du 11 juin que vous supposez du général Canuel, est du Commandant militaire envoyé à Saint-Andéol.

Il dira que dans cet ordre du jour, il n'est question ni *de grace* , ni *de promesse*

---

(1) Page 66 , des pièces justificatives.

*de pardon ;* qu'il ne contient que la menace contre les non-comparans d'*être portés sur la liste des prévenus.*

Il dira que dans le titre par vous placé au-dessus de votre *pièce justificative*, vous avancez une fausseté insigne, lorsque vous annoncez que la lettre qui suit ce titre est adressée aux rebelles, *pour les inviter à rentrer dans leurs foyers ;* que vous avez été assez aveugle pour ne pas voir que, dans cette lettre, il n'est question ni de *rentrée*, ni de *foyers ;* qu'elle suppose même les individus *chez eux ;* qu'elle les appelle simplement *chez le commandant*, et cela, *dans l'instant même.*

Il dira que quand l'ordre du 11 Juin seroit *du général*, que quand il contiendroit une invitation expresse aux insurgés de *rentrer dans leurs foyers*, que quand il garantiroit solennellement *grace et pardon*, la *pièce justificative* n'en couvriroit pas moins une calomnie ; que les nommés Colomban et Guillot, sommés *le 11 juin* de se rendre chez le commandant, dans *l'instant même*, sous peine *d'être portés sur la liste des prévenus*, détournés sans doute, comme plusieurs autres, par la gravité de leur crime, ne se présentèrent point ; que le commandant, auteur de l'ordre du 11, partit de St-Andéol le 15, qu'à cette époque encore les malheureux dont il s'agit erroient dans les bois ;

qu'ils

qu'ils ne rentrèrent que plus tard, et qu'enfin leur arrestation n'eut lieu que du 18 au 20 jnin, par ordre de la Cour prévôtale.

Ma tâche est remplie. Ce n'est qu'avec une extrême répugnance, et après une résignation trop longue peut-être, que j'ai pris la plume. Outragé dans ma réputation, au moment même où mon nom étoit présenté à mon Roi, comme celui d'un sujet dévoué et fidelle, j'ai pu trouver en moi assez de courage pour faire le sacrifice d'un bonheur si précieux aux yeux d'un bon Français ; mais j'ai dû repousser la calomnie, qui pour m'en priver, s'efforçoit de me déshonorer. Cet écrit convaincra, je l'espère, tous les honnêtes gens, tous ceux qui, quoique divisés par des opinions différentes, restent encore unis par des sentimens communs de probité et d'honneur ; il répandra, peut-être, un peu de lumière sur quelques points du grand procès qui va se juger. Quant à mes agresseurs, qu'ils ne s'en prennent qu'à eux-mêmes ; s'ils se trouvent enveloppés de l'infamie dont ils ont prétendu me couvrir.

*P. S.* Au moment où je terminois cet écrit, on m'a remis la lettre de M. le Maréchal duc de Raguse, à son Excellence M.<sup>gueur</sup> le duc de Richelieu, président du Conseil des

Ministres : j'en extrais la phrase suivante, comme un précis de tout ce qui y est dit :

« Aujourd'hui que la résolution généreuse que prit, dans le temps, le colonel Fabvier, est un motif d'accusation contre lui ; aujourd'hui que l'on veut mettre en question la véracité de ses récits, *lorsque ses récits lui ont été inspirés par son amour du bien public, et son attachement pour moi*, je dois prendre la parole, et, par mon assertion, y ajouter *tout le poids que je puis leur donner.* »

Je n'ai qu'un mot à dire : il est beau, sans doute, pour M. le Colonel *d'aimer le bien public*, et surtout *d'aimer son Excellence*, mais, lors même que M.gneur le duc de Raguse seroit un nouveau Platon, il seroit encore plus beau de lui préférer la vérité. *Amicus Plato, magis amica veritas.*

Qu'il me soit permis de le faire remarquer ; M. le Duc a beaucoup trop présumé du *poids* de son nom. En ce qui me concerne, le lecteur en jugera. Dans une question qui intéresse les biens, l'honneur, la sûreté, la vie des citoyens, celui qui va jusqu'à prétendre que le concert unanime des autorités administratives, militaires, judiciaires, que des milliers de témoignages, des procès-verbaux, des arrêts *ne sont pas de poids*, doit au moins soupçonner que , fût-il Maréchal de France , son nom *pèsera bien moins* encore. A Constantinople même , le grand-visir n'est pas , à lui seul , un tribunal de cassation.

*Qui fodit foveam , incidet in eam ; et qui volvit lapidem , revertetur ad eum.*

# PIÈCES JUSTIFICATIVES.

N.º 1.

LYON, 26 avril 1817.

MONSIEUR LE MAIRE,

QUELQUES difficultés se sont présentées relativement à la question de savoir si l'imposition des portes et fenêtres pouvoit être comptée au propriétaire d'une maison, pour établir la quotité qu'il doit payer pour être électeur où éligible. L'imposition des portes et fenêtres n'étant payée au propriétaire que par forme d'avance et à charge de remboursement par des locataires, il paroissoit juste de ne la lui allouer qu'autant qu'il justifieroit que sa maison n'est point occupée par d'autres que par lui.

S. Exc. le Ministre de l'intérieur a décidé la question en ce sens : Ainsi le propriétaire a droit de faire entrer dans le calcul de ses contributions, celles des portes et fenêtres ; mais seulement en ce qui concerne la maison ou l'appartement qu'il occupe. Le locataire, de son côté, peut comprendre, dans ses impositions, la somme qu'il rembourse pour portes et fenêtres, au propriétaire de la maison qu'il habite ; en sorte qu'il peut être électeur ou éligible, si, en réunissant à ses autres contributions, ce qu'il paye pour portes et fenêtres, il atteint 300 francs ou 1,000 francs.

Lors donc qu'une feuille d'imposition sera soumise à votre visa, et qu'elle renfermera une cote sur les portes et fenêtres, vous voudrez bien spécifier dans

le visa, quelle portion de la cote doit être comptée
au contribuable, d'après les principes exprimés ci-
dessus. Je serois forcé de vous renvoyer les feuilles qui
ne seroient point revêtues de cette formalité. Déjà
j'ai envoyé à plusieurs de MM. les Maires des feuilles
d'impositions des contribuables de la commune qui
n'atteignoient la somme de 3oo francs, qu'au moyen
de l'imposition des portes et fenêtres, parce qu'il
n'étoit pas spécifié si les maisons sur lesquelles elle
étoit établie, étoient occupées par eux ou par des locataires. J'invite ceux de MM. les Maires, à qui des
renvois auroient été faits, à me faire parvenir, le
plus promptement possible, ces feuilles rectifiées
d'après les dispositions de la présente circulaire.

Veuillez agréer, Monsieur le Maire, l'assurance
de ma considération distinguée.

*Le Conseiller-d'État, Préfet du Rhône,*

Signé le Comte Chabrol.

*Nota.* Comme on le voit, les règles qui m'étoient
prescrites par cette lettre excluoient évidemment
M. l'Adjoint du nombre des électeurs. Par suite de
la réduction qu'ont éprouvée cette année les contributions personnelle et mobilière, il se trouve aujour-
d'hui dans une position plus défavorable encore, et
s'il parvient à se faire inscrire parmi les électeurs,
ce ne sera très-certainement qu'en trompant M. le
Préfet et en surprenant sa religion.

## N.º 2.

# EXTRAIT

*Des registres des délibérations du Conseil municipal de Saint-Andéol-le-Château.*

Les Membres du Conseil assemblé par ordre de M. le Préfet, arrêtent que les chemins vicinaux devront avoir quatre mètres francs de largeurs, soit 12 pieds et plus, que dans les parties où il y aura besoin de fossés pour l'écoulement des eaux, ces fossés soient faits sur les fonds des propriétaires riverains desdits chemins, afin que la largenr desdits chemins ne souffre aucune altération.

Par suite du même arrêté, un rôle en nature a été dressé au marc le franc par le Conseil. Il s'élève à cent soixante-dix journées à voiture, et cinq cent quatre-vingt-une journées à bras, la valeur en est fixée, *savoir :* celle de la journée à voiture 6 francs ; celle à bras 40 sous, *conformément à l'instruction de M. le Conseiller-d'Etat Préfet, en date du 28 juin 1816.*

Fait à la Mairie de St-Andéol, le 27 janvier 1817.

*Suivent les signatures des Membres du Conseil, du Maire et de l'Adjoint.*

# EXTRAIT

*Du rôle de répartition pour la confection du chemin ci-dessus.*

Vu et arrêté le présent rôle de répartition des prestations en nature, nécessaires à la réparation des chemins vicinaux de la commune de St-Andéol-le-Château, montant à cent soixante-dix journées à voiture, et cinq cent quatre-vingt une journées à bras.

Ordonnons à *chaque particulier* dénommé audit rôle de fournir le nombre de journées pour lesquelles il s'y trouve inscrit aux lieux, jours et heures qui lui seront indiqués par M. le Maire; *à défaut de quoi, il sera poursuivi en payement de la valeur représentative de son travail*, conformément au prix des journées arrêtées par le Conseil municipal, et d'après les formes établies par le gouvernement, pour le recouvrement des contributions directes.

Lyon, le 3 février 1817.

- *Le Conseiller-d'État, Préfet du Rhône,*

*Signé* Comte de CHABROL.

Par le Préfet :

*Le Secrétaire général de la Préfecture,*

*Signé* MEULAN.

------

*LYON, le 3 février 1817.*

# LE PRÉFET

## DU DÉPARTEMENT DU RHONE,

*A M. le MAIRE de St-Andéol-le-Château.*

MONSIEUR LE MAIRE,

J'AI reçu avec la lettre que vous m'avez fait l'honneur de m'adresser le 28 du mois dernier,

1.° La copie d'une délibération du Conseil municipal de votre commune, en date du 27 juillet dernier, constatant l'état des chemins vicinaux de ladite commune ;

2.º Copie d'une autre délibération du même Conseil, du 20 janvier aussi dernier, portant que lesdits chemins seront réparés;

3.º Le rôle de répartition des prestations en nature, nécessaires à la réparation desdits chemins.

*J'approuve, Monsieur le Maire, les deux délibérations, et je vous renvoie ci-joint, et rendu par moi exécutoire, le rôle dont il s'agit.*

Veuillez, je vous prie, faire procéder, le plutôt possible, aux réparations dont ce rôle est l'objet.

Recevez, Monsieur le Maire, l'assurance de ma parfaite considération.

*Le Conseiller-d'État, Préfet,*

Le Comte CHABROL.

~~~~~~~~~~~~~~

### N.º 3.

Nous soussigné, Inspecteur des chemins vicinaux du canton de Givors, sur l'invitation de M. Pierre Bourlier, propriétaire à Saint-Andéol, pour rendre hommage à la vérité, nous sommes transportés dans ladite commune, à l'effet de vérifier les réparations des chemins vicinaux faites sous l'administration de M. Bourlier, et avons reconnu que lesdites réparations sont absolument conformes à une délibération de la commune, en date du 27 janvier 1817, confirmé par arrêté de M. le Préfet en date du 3 février même année, qu'il ne s'agit point d'un chemin nouveau, *ni qu'on ait pu tracer à fantaisie,* mais d'un vieux chemin réparé et élargi sur l'ancienne trace; qu'en aucune partie ledit chemin *n'a de vingt et trente pieds de large;* que dans la partie joignant le fonds du sieur Petit-Piérre, actuellement Maire, il
~~~~~~~~~~~~~~

a été nécessaire d'abattre une haie appartenante audit Maire, autant pour la largeur régulière du chemin, fixée à quatorze pieds, y compris les fossés, que pour respecter les maisons situées de l'autre côté qu'il eût fallu démolir; que dans la partie contiguë au terrein du sieur Raillart, la commune de St-Andéol a usé de son droit en prenant dix-huit pieds qui lui étoient garantis par l'acte même d'acquisition du sieur Raillart; et enfin, que la propriété qui a eu plus de perte à supporter pour la largeur dudit chemin est celle du sieur Bourlier, ancien Maire de Saint-Andéol.

En foi de quoi nous avons signé la présente déclaration, pour servir et valoir ce que de raison.

A St-Andéol, le 30 juin 1818.

Signé **H. Heinz.**

~~~~~~~~~~~

## N.° 4.

# EXTRAIT

*De l'interrogatoire subi à St-Andéol par F. Raillart.*

Cejourd'hui quatorze juin mil huit cent dix-sept, pardevant nous commandant d'armes à Saint-Andéol, a comparu volontairement François Raillart fils, âgé de vingt-six ans, natif de St-Andéol, chapelier, travaillant chez son père, et y demeurant, à qui nous avons demandé s'il n'avoit point fait partie du rassemblement qui a eu lieu audit lieu de St-Andéol, le lundi neuf du courant, et s'il avoit pris part à l'insurrection.

A quoi il a répondu que ledit jour neuf courant, il étoit à son travail comme à l'ordinaire; qu'ayant
~~~~~~~~~~~

entendu sonner le tocsin, il étoit sorti pour voir ce qui se passoit, et qu'à sa porte il rencontra le nommé Aimé Barret, chef des séditieux, qui lui dit : Il te faut bien prendre des armes, tu viendras avec nous. Qu'il lui répondit : où en prendre ? je n'en ai pas. Que Barret lui avoit dit : on t'en trouvera bien. Qu'étant rentré chez lui, il y déjeûna. Qu'étant sorti de nouveau, il trouva près de chez lui J. A. C. fils aîné, qui lui remit un fusil de chasse qu'il croit appartenir à M. N. ; qu'un instant après, *il se rendit sur la place, et de là alla avec les autres jusques aux Echirés, et qu'il resta avec les insurgés jusqu'au moment où l'attroupement fut dissipé par la force armée de Mornant.*

. . . . . . . . . . .
. . . . . ? . . . . .
. . . . . . . . . . .

A lui demandé quelles sont les personnes qu'il avoit remarquées parmi les séditieux, a répondu qu'il avoit reconnu, etc. (*suivent les noms des rebelles que je m'abstiens de citer.*)

Que lui, déposant, *est descendu avec la foule jusqu'au domicile de M. le Maire, qu'il y est entré, et que* J. A. C. *qui y étoit aussi, ayant pris un des fusils de munition appartenant au Maire, il avoit remis le sien au déposant.*

. . . . . . . . . . .
. . . . . . . . . . .
. . . . . . . . . . .

A lui demandé si on lui avoit dit le lieu où on les conduisoit.

A répondu que Barret lui avoit dit qu'on les conduisoit d'abord à *Brignais*, et *ensuite à Lyon où l'empereur étoit déjà arrivé, et que le pain seroit à trois sous la livre;* qui est tout ce que le déposant nous a dit savoir. Lecture à lui faite de sa déposition, y a persisté, et *a signé* en présence de MM. Bourlier, Maire de cette commune, etc.

*Suivent les signatures.*

<center>~~~~~~~~~~~~~~~~~</center>

N.º 5.

*Au parquet. Lyon , le 20 août 1818.*

## LE PROCUREUR ROI

Près le Tribunal de première instance séant à Lyon , et près la Cour prévôtale du département du Rhône ,

*A M. le MAIRE de la commune de Saint-Andéol.*

MONSIEUR,

Au nom de la Cour prévôtale , j'ai l'honneur de vous transmettre une copie certifiée de la lettre que la Cour vient d'adresser à M. le Préfet du département du Rhône. Je souhaite qu'elle puisse vous donner quelque satisfaction, et je ne saurois trop vous exprimer combien je désire qu'elle ait pour résultat, de vous faire décerner par Sa Majesté l'honorable récompense dont vous vous êtes montré si digne.

Veuillez agréer , Monsieur le Maire, l'assurance de ma considération distinguée.

*Signé* REYRE.

# EXTRAIT

## DE LA LETTRE DE LA COUR PRÉVÔTALE,

*A M. le Conseiller-d'État, Préfet du Rhône.*

Lyon, le 20 août 1817.

Monsieur le Comte,

. . . . . . . . . . . .

. . . . . . . . . . . .

A St-Andéol, le soulèvement fut d'une extrême violence . . . . . . . . .
M. Bourlier osa tout pour étouffer la rebellion, lorsqu'elle commençoit à éclater. Dès que le tocsin eut frappé son oreille, on le vit accourir vers les portes de l'église et se précipiter au milieu d'une troupe d'hommes armés qui en gardoient les portes. Les bayonnettes furent croisées sur sa poitrine, et ne l'intimidèrent point. Il renversa plusieurs des factieux qui se jetèrent au-devant de lui; ne put cependant vaincre la résistance que tous lui opposoient. Mais il essaya encore de pénétrer dans l'église par une autre porte, où les mêmes violences furent exercées envers lui, et il ne se retira enfin qu'après double lutte qui exposa sa vie aux plus grands dangers, etc.

. . . . . . . . . . . . .

. . . . . . . . . . . .

*Pour copie conforme :*

*Signé* Reyre.

# LETTRE DE M. LE PRÉFET.

*LYON*, 17 *septembre* 1817.

MONSIEUR LE MAIRE,

J'AI de nouveau entretenu S. Exc. le Ministre de l'intérieur, du noble dévouement et de la conduite courageuse que vous avez tenue dans la journée du 8 juin dernier, et sollicité pour vous une récompense de vos services éclatans, la décoration de l'Ordre royal de la Légion d'honneur.

Son Exc. m'informe, par sa lettre du 10 de ce mois, que le nombre de Croix que le Roi avoit jugé convenable d'accorder dans cette circonstance avoit été distribué; mais elle ajoute, et je me plais à vous mander, que votre belle conduite et votre rare dévouement ont été portés à sa connaissance. *Sa Majesté en a témoigné sa satisfaction.*

Au surplus, les particularités si honorables qui vous concernent, que la Cour prévôtale a eu l'occasion de constater par tant de témoignages, sont consignés sur ces registres des demandes de la décoration de l'Ordre royal de la Légion d'honneur. Son Exc. désire connoître au surplus tous les détails de votre carrière administrative ou militaire, et je vous serai obligé de vouloir m'adresser une note qui en contienne l'indication. Je m'empresserai de la transmettre, et de saisir cette occasion de rappeler une demande, au succès de laquelle je ne puis que m'intéresser très-vivement.

Veuillez agréer, M. le Maire, la nouvelle assurance de ma considération distinguée.

*Le Conseiller-d'État, Préfet,*

*Signé* Comte CHABROL.

## FIN.

LYON, IMPRIMERIE BRUNET.

# ERRATA.

Page 4, avant-dernière ligne de la note : j'étois jugé pour un persécuteur, *lisez* : j'étois jugé persécuteur.

Page 8, 21.ᵉ ligne : détermina adresser, *lisez* : détermina à adresser.

Page 17, avant-dernière ligne : une requête, *lisez* : une enquête.